TEMACHIUA IN OJTLI

Taller de Retos y Metas

José Manuel Palacio Aguirre

DEDICATORIA

Este libro está dedicado a los emprendedores que han decidido trazar el camino que los llevará al descubrimiento de nuevas oportunidades.

A los deportistas que buscan trazar un camino de triunfos y mejorar sus estándares de rendimiento.

A los músicos que se inspiran para producir nuevas melodías para trazar un camino de trascendencia.

A los profesionales independientes y a los empresarios, que confían en su visión para trazar el camino de la innovación y la competitividad.

A los artistas marciales que trabajan constantemente en trazar el camino del dominio personal.

Y a toda persona dispuesta a aceptar retos y establecer metas para ser mejor cada día.

CONTENIDO

TEMAS

Pepe Kenfat

Taller
Retos y Metas
Inspiración / Potencial / Actitud

INTRODUCCION

Te doy la bienvenida al taller de Retos y Metas que forma parte del programa de Estrategia Personal **PEPE KENFAT**, siente la libertad de preguntar al instructor o a pepe@kenfat.com para que todas tus dudas sean aclaradas.

¿Qué es Retos y Metas?

Es un taller práctico que te ayudará a poner en claro tus metas personales, a organizar las actividades para que seas más eficiente y logres más triunfos en lo personal, organizacional y en los negocios.

¿Para qué me puede servir?

Para descubrir el nivel de compromiso que tienes contigo mismo, definir claramente tus prioridades, determinar las acciones a seguir e identificar los hábitos necesarios para asegurar el cumplimiento de tus propósitos a corto plazo.

¿Qué beneficios obtengo?

Poder establecer programas de trabajo para lograr propósitos personales, organizacionales y de negocio:

- Clarificar tu visión
- Orientar tus esfuerzos
- Mejorar la autoestima
- Planear tus acciones
- Establecer prioridades
- Organizar las actividades
- Fortalecer tu liderazgo
- Desarrollar planes de acción
- Establecer hábitos de triunfador

¡Enfocar da poder para triunfar!

Siempre y cuando estés dispuesto a aceptar la vida como un reto y seas capaz de atreverte a mantener la inspiración todos los días de tu vida.

Objetivos del Taller

1. Saber enfocar prioridades
2. Organizar las actividades
3. Elaborar planes de acción

¡Recomendación!

Para obtener mejores resultados de este taller deberás leer mi libro **IN HUELIC**, Decide tu destino ¿podrás hacerlo? ISBN-10:1500392022 ISBN-13:978-1500392024

http://www.amazon.com/Huelic-Decide-destino-hacerlo-Spanish/dp/1500392022/

NOTAS

Antes de comenzar contesta las siguientes preguntas:

1. ¿Qué esperas logra al participar en este taller?

_____

_____

_____

_____

2. ¿Qué aspectos te gustaría mejorar en tu vida?

_____

_____

_____

_____

3. ¿Cómo quisieras pasar a la historia?

_____

_____

_____

_____

4. ¿Qué estás haciendo para triunfar en la vida?

_____

_____

_____

_____

¡Relájate y disfruta la experiencia!

NOTAS

VALORES

Son las cosas o conceptos que consideramos buenas, deseables, agradables e importantes. En el contexto de la moral, se refiere a lo correcto y aceptable en nuestras acciones, como puede ser el decir la verdad o el tener compasión.

Los Valores también pueden ser el estado de ciertas condiciones reflejadas en nuestra percepción, como es la felicidad, la alegría y la buena actitud.

Debemos considerar que cada persona, grupo, cultura, sociedad, religión, país o nación tienen sus diferentes conceptos y escalas de valores.

Podríamos decir que los valores son los elementos que forman el radio de referencia que sirve para orientar las decisiones, aspiraciones, conductas y sentimientos en la vida.

Por lo tanto son fundamentales en el momento de tomar decisiones y asignar prioridades.

Reflexiones del tema:

¿Qué valores gobiernan mi vida?

¿Qué flexibilidad tengo para cambiar, modificar o adquirir nuevos valores?

Identificar los valores que gobiernan nuestra vida es importante porque pueden impulsarnos al éxito personal o limitar nuestro desarrollo.

NOTAS

ACTITUDES

Actitud es la forma de actuar de una persona, en respuesta mental y emocional ante las diversas circunstancias que se presentan en la vida y esta puede ser:

A. Positiva
B. Negativa
C. Indiferente

Modificar la actitud de negativa o indiferente a que sea positiva es muy sencillo, comienza a saltar mirándote al espejo y trata de pensar cosas negativas o insultantes y observa que sucede.

La actitud cambia de inmediato cuando hacemos ejercicio porque el cuerpo manda un estímulo al cerebro y este responde de forma natural. Toda persona tiene el poder para hacerlo, solamente se requiere de un estímulo y técnica para lograrlo.

Podríamos decir que las actitudes son el combustible de la vida porque moldean el futuro deseado, sirven para movernos hacia nuestras aspiraciones, para aprender y para conquistar desafíos.

Por lo tanto son fundamentales en el momento de emprender y para realizar cambios en nuestra vida.

Reflexiones del tema:

¿Qué actitudes moldean mi vida?

_____

_____

_____

_____

¿Qué técnicas tengo para cambiar, modificar o adquirir nuevas actitudes?

_____

_____

_____

_____

¡Identificar las actitudes positivas es importante porque nos impulsan
a la aceptación de nuevos retos!

NOTAS

PRIORIDADES

Son las ventajas que una persona o cosa tienen sobre otra y se consideran más importantes o relevantes, es por eso que se les debe dar mayor atención. Todos tenemos el mismo tiempo cada día, es cuestión de organizarse estableciendo prioridades considerando los valores como su fundamento y las actitudes como su impulsor.

Determinar y establecer prioridades es el paso definitivo para el conocimiento y comprensión de uno mismo, de nuestros deseos y expectativas. A mayor número de propósitos mayor es la necesidad de priorizar, para que no exista conflicto entre ellos y poder asegurar el cumplimiento de nuestras metas.

Reflexiones del tema:

¿Qué prioridades tengo en cada una de estas áreas de mi estilo de vida?

* Salud:

* Ocupación:

* Espiritual:

* Material:

* Social:

¿Son parte importante de lo que quiero ser o lograr?, (Especifica porque.)

* Salud:

* Ocupación:

* Espiritual:

* Material:

* Social:

¿De qué forma estableces prioridades en tu vida?   (Analiza tus valores página 5)

¡Identificar las áreas de tu vida que requieren prioridad es importante para establecer tus metas!

NOTAS

HABITOS

Hábito es el patrón de comportamiento de una persona, el cual se repite regularmente. Un hábito es aprendido y predispone a un individuo para la realización de una tarea o actividad.

Son también nuestras acciones que van formando la experiencia y moldeando nuestra actitud para cumplir las metas que nos proponemos.

Cada persona moldea continuamente su forma de ser y de actuar, de acuerdo a las influencias que recibe del medio que la rodea; en la casa, en la escuela, en el trabajo, con los amigos, en su negocio y en sus aficiones o pasatiempos para ir construyendo su identidad y determinar su estilo de vida.

Los hábitos negativos traen consecuencias negativas en tanto que los hábitos positivos crean recompensas positivas, y en ambos casos definen la actitud que tendremos ante la vida.

Se pueden reprogramar los hábitos existentes o establecer nuevos hábitos, pensando firmemente en los beneficios que estos traerán y actuando de manera decidida y disciplinada.

Reflexiones del tema:

¿Cuáles hábitos buenos te gustaría adquirir?

_____

_____

_____

_____

_____

¿Cuáles hábitos malos quieres eliminar de tu vida?

_____

_____

_____

_____

Desarrollar hábitos de triunfador es importante porque permitirán que logres todo lo que te propongas en la vida, son nuestros procedimientos y la suma de todos ellos determina como opera la vida.

NOTAS

RETOS

Son los desafíos a una actividad física e intelectual que todo individuo debe realizar para sobreponerse a todo tipo de dificultades. Los retos crean las oportunidades de crecimiento del ser humano.

Cuando una persona acepta retos en su vida, está dispuesta a realizar actividades o acciones que envuelven dificultad y peligro para afrontar los riesgos necesarios y modificar algo; ya sea un comportamiento, una situación, una creencia o un resultado.

Vaciar la mente sirve para ampliar la perspectiva de la vida, además de ser un vehículo para afrontar retos, porque el adversario a vencer es uno mismo manifestado en dispersión mental, temores infundados, atención distraída, dudas e incertidumbre.

Cuando un reto se convierte en propósito es momento de actuar con intención que construya credibilidad y confianza en ti mismo, tu dominio personal será desafiado y la escala de valores podría ser cuestionada, produciendo crisis en tu necesidad de trascender.

Reflexiones del tema:

¿Qué tipo de retos he tenido en mi vida?

_____

_____

_____

_____

¿Qué retos debo establecer para tener más éxito en la vida?

_____

_____

_____

_____

La decisión para dejar fluir tus talentos personales y aceptar retos en todas las áreas de tu vida, así como el tener la disposición para realizar actividades o acciones que envuelvan dificultad y peligro para crecer, es solamente tuya y de nadie más.

¡Tendrás que afrontar riesgos para modificar lo que no está bien o que impide tu desarrollo personal!

NOTAS

METAS

La meta es un propósito a corto plazo el cual se establece para trazar el rumbo hacia propósitos al mediano y largo plazo. Son también los resultados específicos que debemos producir en un plan de trabajo, o la finalidad a seguir de una acción, una competencia o un acuerdo establecido.

La gente promedio no planea su vida, se deja llevar por lo que dicen y hacen los demás, se crea expectativas tipo deseo y no toma decisiones que le comprometan a modificar su actitud. Se deja dominar por sus temores y busca su seguridad todo el tiempo.

Un triunfador no tiene excusas, se mueve en la vida a través de retos, que lo llevan al cumplimiento de sus metas porque se compromete consigo mismo y asume riesgos que le permiten crecer.

Establecer metas es un procedimiento simple que a la mayoría de las personas les cuesta mucho trabajo realizar, para hacerlo eficientemente debes seguir estas reglas:

1. Se redactan en verbo infinitivo para invitarnos a la acción.
2. Debe existir un propósito específico, el ¿para qué de la meta?
3. Precisar los factores y criterios de medición.
4. Enlistar al menos tres beneficios para cada meta.

Reflexiones del tema:

¿Qué quiero lograr para los próximos doce meses?

_____

_____

_____

_____

_____

¿ Qué necesito hacer para mantener el entusiasmo y elevar mi autoestima?

_____

_____

_____

_____

¡ La meta es el fin al que se dirige una acción u operación en el corto plazo!

NOTAS

COMPROMISOS

Una persona se compromete cuando se implica al máximo en una responsabilidad, poniendo todas sus capacidades para llevar a cabo una actividad, una tarea, una meta, un acuerdo o una asignación, y de este modo pueda aportar con su esfuerzo y dedicación para el funcionamiento de un programa de trabajo, un proceso, un proyecto o un contrato, y contribuir en la entrega de un resultado positivo.

La mejor forma de comprometerse es midiendo los avances, pues así elevaremos nuestra autoestima al ver cómo vamos progresando, debemos primero establecer los factores de medición, estos deben ser específicos considerando cuatro cosas:

1. El tiempo o fecha de término (T)
2. La cantidad o número de cosas por lograr (#)
3. La calidad o nivel de aceptación (%)
4. El costo o importe que esto implica ($)

Estos factores de medición deben ser nuestro compromiso personal de cada día, y revisarlos para enfocarnos a su cumplimiento. Cuanto mas nos comprometamos mas avance tendremos hacia el cumplimiento de nuestras metas y objetivos.

Reflexiones del tema:

¿Qué tiempo me llevara cumplir mi metas personales?

* Salud: _____

* Ocupación: _____

* Espiritual: _____

* Material: _____

* Social: _____

¿ Qué necesito hacer para mantener el entusiasmo y elevar mi autoestima?

_____

_____

_____

_____

¡El compromiso es una firmeza inquebrantable para cumplir o hacer algo que nos hemos propuesto o que simplemente debemos hacer por cuestiones de honor!

NOTAS

PLAN DE ACCION

Establecer Metas específicas al corto plazo y medir constantemente los resultados, nos dará la motivación suficiente para seguir adelante, porque nos da enfoque con sentido de logro.

Formular planes significa establecer los pasos a seguir traducidos en acciones específicas que conduzcan a resultados tangibles conocidos como las Metas. Considerando el uso de herramientas y utilizando nuestras capacidades e ingenio para lograrlas.

Un plan de acción considera como punto de partida el establecer propósitos a corto plazo, los cuales deben ser sustentados en valores y actitudes para poder asignar prioridades donde tendremos que aceptar retos que nos comprometan.

"**Plan** es la intención que se tiene de hacer algo y **Acción** es el hecho, actividad o acto voluntario inmediato y en tiempo real."

Ejercicio de Planeación:

PLAN DE ACCIÓN	Nombre y Fecha	
Meta		
Compromiso Factores de medición	T # % $	
Hábitos Necesarios	1. 2. 3. 4.	
Retos	1. 2. 3. 4.	
Actitudes	1. 2. 3. 4.	
Valores	1. 2. 3. 4.	

NOTAS

Establecer metas personales alimenta el crecimiento extensivo, las metas familiares impulsan el crecimiento expansivo y las metas del negocio fortalecen el crecimiento evolutivo. (Leer el libro In Huelic, decide tu destino, capitulo no 8 "Entusiasmo")

Los seres humanos vivimos un proceso de crecimiento que se manifiesta en tres dimensiones, las cuales interactúan entre si todo el tiempo y se pueden comparar en términos de madurez.

1. **Lo Mío**, durante la expansión se tiende a ocupar un espacio o ámbito mayor al existente.
2. **Lo nuestro**, durante la extensión se extiende a más cosas de las que en un principio comprende.
3. **Lo global**, durante la evolución o cambio gradual, se valúa la diversidad y el mutuo beneficio de compartir.

¡Cuando dejamos de crecer comenzamos a morir!

Ejercicio de Planeación 3D:

PLAN DE ACCIÓN	PERSONAL	FAMILIAR	LABORAL
Meta			
Compromiso Factores de medición	T # % $	T # % $	T # % $
H bitos Necesarios	1. 2. 3. 4.	1. 2. 3. 4.	1. 2. 3. 4.
Retos	1. 2. 3. 4.	1. 2. 3. 4.	1. 2. 3. 4.
Actitudes	1. 2. 3. 4.	1. 2. 3. 4.	1. 2. 3. 4.
Valores	1. 2. 3. 4.	1. 2. 3. 4.	1. 2. 3. 4.
Prioridad			

NOTAS

CONCLUSIONES

Estimado participante al taller de Retos y Metas, te doy las gracias por haber dedicado tiempo y esfuerzo en definir el rumbo de tus aspiraciones personales; las herramientas, conceptos y sugerencias que he compartido contigo en este taller, pueden cambiar dramáticamente tu vida solamente si decides utilizarlas y ponerlas en acción.

No existen atajos para construir una vida exitosa, es un proceso continuo que implica retos y buena actitud. El triunfo está en tus manos si trazas un camino de propósitos que te ayuden a conocerte mejor. La razón de ser y la visión de cada individuo es un descubrimiento que lleva tiempo y comprensión.

Debes creer en ti mismo en todo momento y concentrar tus esfuerzos para lograr tus metas, y así pronto comiencen a fluir nuevos hábitos dirigidos a tus prioridades en consecución de tus sueños y aspiraciones.

Utiliza al máximo tus cualidades y fortalezas manteniendo el enfoque en todo momento, con optimismo, disciplina y compromiso.

Recuerda siempre que ¡enfocar da poder para triunfar!

Sinceramente,

José Manuel Palacio Aguirre

"TEMACHIUA IN OJTLI IXCOYAN"

TRAZAR EL CAMINO PROPIO

Pepe Kenfat

GUIA DE RECURSOS

PROGRAMA	BENEFICIOS
Estrategia Personal 1. Retos y Metas, taller 2. Dominio Personal, seminario 3. Taller de PEPE	**Enfoque • Organización • Cumplimiento** 1. Inspiración • Potencial • Actitud 2. Control • Poder • Tranquilidad 3. Enfocar da Poder para triunfar
Estrategia Organizacional 1. Plan Estratégico, taller 2. Coaching y Liderazgo, taller 3. Tablero de Mando, seminario	**Actuación • Compromiso • Resultados** 1. Definir • Alinear • Dirigir 2. Enfoque • Organización • Rendimiento 3. Estratégico • Táctico • Operativo
Estrategia Comercial 1. Mercadeo y Servicio, taller 2. Coaching en Ventas, taller 3. Plan Comercial, seminario	**Posicionamiento • Diferenciación • Valor** 1. Segmentar • Prospectar • Retener 2. Integrar • Entrenar • Inspirar 3. Promoción • Mercadeo • Ventas
Estrategia Financiera 1. Finanzas PEPE, taller 2. Flujo de Dinero, seminario 3. Invertir Correctamente, taller	**Inversión • Protección • Patrimonio** 1. Planear • Proteger • Invertir 2. Distribuir • Contribuir • Invertir 3. Apalancar • Diversificar • Deducir

seminars@kenfat.com
www.kenfat.com

ACERCA DEL AUTOR

José Manuel Palacio Aguirre, nació en México D.F. el 8 de Junio de 1960.

José es un visionario idealista de pensamiento sistémico, con amplia experiencia en gestión del rendimiento, en la realización y ejecución de nuevas oportunidades de negocios y en la enseñanza de planificación estratégica, procesos de pensamiento, educación financiera y artes marciales.

Acumula 30 años de experiencia en el desarrollo e implementación de proyectos de mejora e innovación en los negocios. 25 años como conferencista, profesor-facilitador e instructor de sus propias metodologías, enfocadas en el desarrollo personal y organizacional. 20 años en el sector financiero, casa de bolsa, banca, seguros e inversiones.

Es autor de cinco metodologías exitosas para mejorar el rendimiento de las personas, modificar su forma de pensar, integrar equipos humanos que generen sinergía, establecer mapas y radares para desarrollar táctica de negocios y utilizar principios financieros para aumentar la rentabilidad.

Apasionado de vivir la filosofía prehispánica, es estudioso de la estrategia y promotor de la superación personal. Sus seguidores, clientes, estudiantes y colegas lo llaman Pepe Kenfat.

www.kenfat.com